A ti te cuento

Cuentos para Adultos
con
Inteligencia Emocional

Viki Morandeira

1ª edición

ISBN 978-1-291-12220-6

www.CoachingparaProtagonistas.com

www.VikiMorandeira.com

A mi madre,

Porque se que te lo mereces.

Porque te quiero mucho.

Porque sin tin, yo no sería yo.

Índice

1

Un solo par de zapatillas

Cuando Ale cumplió 21 años, sus padres le organizaron una estupenda fiesta. Invitaron a sus parientes, amigos, primos, vecinos del barrio, mucha gente querida por él y su familia. Una vez terminada la reunión, cuando ya no quedaba ni uno de los invitados, Ale se recostó en su cama para descansar un poco. Y allí tendido, descalzo, recordaba el día tan estupendo que había pasado. Todo estaba en silencio, después de varias horas de bullicio, risas y música. Pero entre esa feliz calma, escuchó un ruido en el patio de su casa, que le llamó la atención. Miró por la ventana y vio a un anciano de largas barbas blancas. No le conocía de nada, y le sorprendió que un extraño estuviese allí. Sus padres habían salido a acompañar a la estación de tren a sus tíos, que habían venido de lejos, por lo que en la casa solo estaba él. Se levantó y salió a su encuentro convencido que sería alguien que estaba equivocado de dirección.

Al llegar al patio, vio que el anciano se estaba quitando sus zapatillas.

¿Cuánto calzas? Le preguntó sin mirarle a la cara.

_45._ respondió el joven sin saber como reaccionar.

Bueno, ya no crecerás más. dijo el anciano y continuó sacándose la otra zapatilla. Tenían un aspecto antiguo, de otra época, casi parecían de museo... Y aún así estaban en muy buen estado.

¿Sabes…? Siguió diciendo el anciano, sin presentarse aún _ estas deportivas me han acompañado durante los últimos 75 años. Desde que cumplí la edad que tú acabas de cumplir.

¿Cómo sabía su edad? Podía haber visto que estaban festejando un cumpleaños, pero lo de la edad… ¿Cómo podría saberlo? Se preguntó Ale para sí, porque estaba tan atónito que no podía hablar.

_Hoy te han regalado unas, ¿verdad?, con las que podrás hacer todo lo que yo he hecho... _continuó diciendo el viejo sin esperar a que el muchacho respondiera, al tiempo que sacaba un álbum de fotos de un petate que tenía junto a él.

Ale seguía escuchando entre fascinado y sorprendido, mientras contemplaba miles de fotos. ¡¡El anciano parecía haber recorrido el mundo entero!! En todas las fotos salía él, de joven, de adulto, y siempre con las mismas zapatillas, como si jamás hubiese tenido calzadas otras que no fueran esas.

Había fotos de las siete maravillas del mundo antiguo (de lo que quedaba en pie de ellas o de donde habían estado), de las siete maravillas del mundo moderno, de su graduación, de muchos, muchos cumpleaños. Viajes, muchos lugares desconocidos por Ale. Una boda, algunos nacimientos, ciudades modernas, construcciones antiguas, fotos leyendo, haciendo deporte, jugando con niños, de la mano con una mujer, en el cementerio, en muchos parques, en la playa, ¡Si! ¡Hasta en la playa estaba con las mismas zapatillas!

Ale hacia rato que no prestaba atención al anciano, estaba ocupado escuchando sus propias preguntas... Cuando se escucho decir en voz alta: ¿es que usted nunca ha tenido otro calzado que este?

El anciano, lo miro con dulzura, volvió a mirar sus viejas y bien cuidadas zapatillas y le dijo:

No Ale, nunca he tenido otras. Ni tú tampoco las tendrás. En la vida, solo usarás un par de zapatillas, las que ya llevas puestas. ¿Has visto? Puedes ver maravillas con ellas, podrán acompañarte donde tú quieras ir. De ti dependen todas las experiencias y aventuras que quieras correr, estas mismas zapatillas, te llevarán tan lejos como desees, con la única condición de que las cuides, las respetes, no las llenes de basura, de grasas, de venenos. El anciano continuó hablando y se agachó delante de Ale para ponerle el par de zapatillas que le habían regalado por su cumple esa tarde.

_El mundo entero esta a tus pies, y podrás hacer aquello que te atrevas a hacer, pero recuerda, no hay recambio para nuestro cuerpo. Al escuchar estas ultimas palabras Ale se despertó en la cama, vio que la ventana de su cuarto estaba abierta y al mirar por ella, no había ni rastro del anciano, ni del álbum de fotos, ni de las viejas y experimentadas zapatillas, pero para su sorpresa, él sí llevaba puestas las suyas.

-.-.-.-.-.-.-.-

Por suerte, no necesitamos cuidar al extremo nuestras zapatillas, ¡no vas a vivir con un solo par, toda tu vida! Pero tu cuerpo, tu corazón, tus pulmones, tu hígado, tus riñones, tus arterias, tus ojos, tu piel, tus pies.... ¡Si son para toda tu Vida! De ti depende cuanto tiempo te va a acompañar tu cuerpo.

Piensa en tu cuerpo como en un par de calzado. Si ahora está un poco deteriorado, ¡imagina como estará en unos años si no lo cuidas! Hoy mismo puedes decidir recuperar el cuidado de tu cuerpo, hacer las paces con él, cuidar de tu alimentación, iniciar algo de ejercicio, incluso proponerte algún reto deportivo que tengas ganas de conseguir. De lo que hagas hoy con tu cuerpo, depende lo que le ocurra en el futuro.

2

Los tres naúfragos

En una isla desierta, hace algunos años, luego de un naufragio, habían quedado aisladas tres personas, de las que ahora no me acuerdo sus nombres.

Cada una de esas personas vivía en una zona de la isla y llevaban viviendo así, tranquilamente, desde que el viaje truncado los había dejado allí. Un día cualquiera, como el de ayer, una de las personas vio un barco pasar frente a su parte de la isla. Y aunque hizo todo lo posible por llamar su atención, nadie pudo verle desde la embarcación. Para que no te líes a este personaje, lo llamaremos, *Ayer.*

Ayer era una persona experimentada y no haber conseguido su objetivo le hizo sentirse frustrado y sintió eso como un fracaso. Ya sabes, que en su zona estaba solo, pero al ocurrirle esto, un día cualquiera, como hoy mismo, fue a ver que hacía otra de las personas que habitaban la isla. A esa otra persona, la llamaremos por ejemplo, *Hoy.*

Hoy era muy alegre, cada día, disfrutaba de hermosos amaneceres y de atardeceres espectaculares. Cuidaba con amor un jardín que él mismo había plantado y algunos días, sin que fueran días especiales, como pueden serlo mañana, recibía la visita de la tercera persona de la isla y juntos hacían planes sobre lo que harían al regresar a la civilización, o hablaban sobre como construir una balsa, etc. A la tercera persona, vamos a llamarla, por ejemplo, *Mañana.*

Ayer, entristecido al perder la oportunidad de abandonar esta solitaria existencia, ya no se sentía a gusto en su zona de la isla y cada día comenzó a visitar a *Hoy*. Éste, como no era temeroso, ni desconfiado le recibía alegremente. *Hoy*, empezó a pasar gran parte del día escuchando a *Ayer*. No hacía más que quejarse por haber perdido el barco, inventarse historias sobre como *podría* haber sido el encuentro, que *podría* haber hecho de distinta manera para llamar la atención del barco, como *podría* estar viviendo ahora en una gran ciudad de no haber sido por ese fracaso. Y así, poco a poco, *Hoy* fue descuidando su jardín, mientras pasaba los días pensando en lo dicho por *Ayer*. Sin que *Hoy* se diera cuenta, *Mañana*, viéndole ocupado y pensativo, había dejado de visitarle.

Al principio fue varias veces, pero como *Hoy* estaba enfrascado pensando en *Ayer*, ni siquiera había notado la presencia de *Mañana*, y éste, poco a poco, dejó de ir a verle.

Un buen día, con asombro, comprobó que su jardín estaba casi seco por haber abandonado su cuidado, mientras pasaba sus días pensando y pensando, *Hoy* se preguntó:

_¿Cómo puede haber sucedido esto? ¿Por qué se ha muerto mi jardín?

Una flor, que aún no había perdido del todo su vida, se compadeció de *Hoy*, a quien tenía mucho aprecio, porque le había cuidado con amor y tanto esmero, sacó fuerzas de lo más hondo de sus raíces para contestarle:

_Estamos al borde de la muerte, porque permitiste que *Ayer* ocupara todo tu tiempo, porque olvidaste a *Mañana*, quien dejó de visitarte al verte siempre triste y pensativo y lo que es peor…. Te olvidaste de *Hoy*. *Hoy* es lo más importante que tienes, si solo le das tus horas a *Ayer*, tu vida será gris como aquellas nubes y *Mañana* ya no encontrará oportunidad de compartir sus sueños contigo.

-.-.-.-.-.-.-.-

Ten presente, que Hoy es tu vida. Que el pasado es un ladrón que, si le dejamos sitio en nuestra mente, no nos deja ver la belleza de cada día. El pasado es un ladrón que nos quita el placer de soñar con nuestro futuro deseado. Todos tenemos un pasado, las personas que son felices hoy, también tienen un pasado, solo que ellos deciden que éste no les quitará el presente ni les condicionará para tener el futuro que desean.

¿Cuántas veces te quedas atrapado por el ayer? ¿Cuántas horas y momentos preciosos dejas escapar mientras tu mente queda empantanada en el pasado? ¿Qué solucionas llenando tu mente de "y si hubiera hecho" y de "y si no hubiera dicho"? Dedicar nuestro presente, a pasar las horas pensando en decenas de distintos pasados, nos deja sin futuro. Los "podría haber dicho" o "podría haber hecho" no cambian lo ocurrido.

Por eso, cuando sientas que tu tiempo está siendo robado por este ladrón llamado pasado, <u>puedes</u> y <u>debes</u> hacer algo. Nosotros, no somos responsables de los pensamientos que llegan a nuestra mente. Pasar por delante de una heladería, puede traerte recuerdos agradables de la infancia, o recuerdos desagradables si nunca te querían comprar un helado. Por eso, cuando las circunstancias del día a día, nos van trayendo flashes del pasado, está en nuestra mano decir basta. Cuando un pensamiento negativo venga a tu mente, usa tu poder de decisión. Si, <u>decide</u> que en lugar de seguir en esas arenas movedizas del pasado, deseas cambiar de escenario, escoger uno placentero, disfrutar de todo lo bueno que hay en tu vida. Mira a tu alrededor y empieza a dar gracias por todo: por tus hijos, tu pareja, tu salud, por el sol, las flores, verás como pronto recuperas la alegría que el pasado ladrón quería quitarte.

Por muy dura y difícil que haya sido nuestra vida, está en nosotros liberarnos de ese dolor y seguir adelante. La vida no es justa. La vida, a veces, nos sacude con golpes bajos, con injusticias, con accidentes, con pérdidas irreparables. Nada podemos hacer ante esto. Bueno, en realidad si podemos hacer algo. En principio, leer el siguiente cuento.

3

La Reina que perdió el anillo de bodas

Había una vez, en un reino, que puede ser este mismo en el que vives hoy, un castillo. En ese castillo, como en la mayoría de los cuentos, vivían un rey y una reina. Cuando se casaron, habían hecho una fiesta que duró una semana entera, con sus días y sus noches, y el rey, le había regalado a su amada reina, un precioso anillo de bodas. La sortija era especial, porque había sido hecho con los metales más preciosos, por las más diestras manos, de los mejores orfebres del reino.

Cierto día, la Reina salió de paseo y en un descuido, perdió su anillo. No lo supo hasta que regresó al castillo. Cuando notó su falta, su primera reacción fue: NO pude haberlo perdido. Debe estar en algún sitio. A las Reinas no les pasan estas cosas, se repetía una y otra vez. Y así pasó varios días buscándolo por todos lados.

Pasada una semana, su incredulidad se tornó en ira. Estaba furiosa. Con ella misma, con los criados del castillo, con su marido, con su siempre fiel perro... con todo y con todos. Ella, que antes ni siquiera levantaba la voz, ahora iba por ahí enfurecida, con cara de muy pocos amigos. El Rey comenzó a preocuparse. A la semana siguiente la reina iba por el castillo proclamando a los cuatro vientos, que deseaba que todo volviera a ser como antes.... iba por los jardines soñando como construir una máquina del tiempo, para **volver atrás.** Pero por más que intentó y encargó a todos los magos un artilugio para regresar al pasado... nada pudo hacerse. Entonces.... al comprobar que su pérdida era irreparable, cayó en una profunda depresión. Todos comenzaron a preocuparse al ver a la Reina enfermar así, cambiar su jovial y alegre semblante por la tristeza y la melancolía. En la época de los castillos no existía la palabra depresión, por lo que el Rey, cuando llamó a la **Coach** del Reino (si, lo sé, tampoco existía esa profesión, pero esto es un cuento, ¿no? ☺) prosigo.. cuando llamó para pedir ayuda, explicó que su esposa parecía un fantasma en pena, que arrastraba sus pies al caminar, que los brazos le colgaban junto al cuerpo cual muñeca de trapo, y que parecía ser incluso de menor estatura, ya que deambulaba encorvada y con la cabeza hundida entre los hombros.

La **Coach** del Reino, le dijo al Rey que conocía la solución. Pero que dependía exclusivamente de ella. El Rey, regresó a su castillo e hizo lo que la **Coach** le pidió: que mandara a la Reina en un carruaje hasta su casa. Cuando ella llegó, se fueron ambas a un lugar solitario de los jardines de palacio, junto a un estanque donde los sapos croaban alegremente y los cisnes nadaban distraídos. Allí, la **Coach**, llamó a un sapo, le dijo algo al oído y la Reina abrió un poquito los ojos al tiempo que levantaba un poquito la cabeza. La desesperanzada mujer, creyó que la **Coach** había enviado al sapo a buscar su anillo.... esta idea, iluminó su rostro levemente. Al poco rato, el sapo regresó con una hoja de loto entre sus patas, y una pluma de cisne en su boca. La Reina, desilusionada, volvió a hundir su cabeza entre sus hombros.

Entonces, la **Coach** del Reino, cogió la pluma y con gran amor, escribió sobre la hoja unas palabras. La dobló y la puso en la mano de la Reina.

Con mucho cariño, le tomó ambas manos con la hoja aún cerrada en ellas y le dijo:

Cuando leas y entiendas lo que dice en esta hoja, te curarás. Quédate aquí, hasta comprenderlo.

Acto seguido, le dio un beso en la frente, apartando levemente su corona, y se fue caminando despacito hacia su casa. La Reina.... cuya idea no era otra que recuperar el objeto perdido... abrió la hoja con intriga y leyó:

El tiempo no vuelve atrás,

has hecho lo que podías y más,

Acepta la pérdida y te curarás.

La Reina aún estaba confundida... porque esa no era la solución que ella deseaba .... pero deseaba volver a sentirse alegre y abierta como era antes... Sus pensamientos negativos, derrotistas, pesimistas, la habían convertido en casi una sombra de lo que era.... No tenía nada que perder, así que respiró bien hondo, tiró sus hombros hacia atrás, irguió la cabeza, levantó el mentón, se puso de pie y miró al frente con decisión para decir:

_LO ACEPTO.-

En ese momento, comenzó a ver como el sol brillaba e iluminaba sus preciosos tulipanes, pudo contemplar otra vez la belleza de los jardines de palacio, las flores le parecieron mucho más bonitas que nunca y lo que es mejor, su mente se llenó de pensamientos positivos:

_ Puedo comprarme un anillo nuevo, ese ya estaba rayado y gastado por los años. ¡Puedo incluso festejar una nueva boda con esa excusa! ¡¡¡Y puedo irme otra vez de Luna de Miel con mi Amado Rey!!!

La Reina, subió de un salto a su carruaje, y le indicó al cochero que la llevara a casa de la **Coach** del Reino. Allí la encontró, ayudando a muchas personas a limpiar sus mentes. Esperó a que terminara y cuando ella vino a su encuentro, la abrazó con dulzura y le dijo:

_ ¡Gracias! La aceptación es mejor que aquello que perdí, porque me ha traído dos regalos nuevos, el Optimismo y los Pensamientos Positivos. ¡¡Te invito a mi nueva boda con mi viejo Rey!!-

Y dicho esto, la Reina salió tarareando una alegre canción, rumbo a su palacio.

-.-.-.-.-.-.-.-

¿Cuánto tiempo pasas no creyendo en lo que te ha sucedido? ¿La ira se apodera de ti cuando te ocurre algo? ¿A veces te gustaría volver atrás en el tiempo para que todo fuera como antes? ¿Te hundes dentro de ti mismo?

Estos son los cuatro primeros pasos tras una crisis o problema:

- **Incredulidad,**
- **Ira,**
- **Volver** atrás
- **Depresión,**

Cuanto antes llegues a la Aceptación, podrás pasar a los siguientes pasos, el Optimismo y los Pensamientos Positivos.

En la vida nos pasan muchas cosas, y no siempre son como desearíamos... Para poder empezar a actuar, para dejar el papel de Víctimas, necesitamos *ACEPTAR* que hay cosas que simplemente pasan.

Y si, aunque no nos guste, cuando las circunstancias no son las que hubiéramos querido, tenemos que tomar valor y decidir seguir adelante. Claro que lo más deseable puede ser no sufrir nunca. Podemos pensar que nuestra vida sería mucho más agradable sin tal o cual suceso de nuestro pasado. Pero también, hemos de saber, que todo lo que nos ocurre, forma parte de nuestra evolución y de nuestro crecimiento personal. Los golpes, las caídas, las derrotas, las rupturas, las pérdidas, aunque dolorosas, son una excelente oportunidad para crecer.

Hablando de caídas… pasemos al siguiente cuento.

4
La Vuelta a la Calesita

Había una vez.... así empiezan muchos cuentos, ¿verdad? Y en nuestra vida, también hubo una vez en la que las cosas no salieron como esperabas... ¿a que sí?

Voy a contarte un cuento, otro más, si, porque este libro va de cuentos, por si no lo habías notado ☺, espero que te guste.

Había una vez una calesita a la que todos deseaban subir para dar una vuelta. ¿Qué digo una vuelta? ¡Mil vueltas! Todos deseaban subir sin pensar en bajar nunca más de ella.

En la calesita, había quien iba sentado, tranquilamente, dejándose llevar por la inercia, por el propio movimiento del juego. Otros, iban saltando de un caballito a otro, y luego a un tanque y luego vuelta a otro caballito. Otros se la pasaban con un pie en tierra, como si quisieran frenar el ritmo y la velocidad de la calesita. Cada uno, tenía su forma de viajar en ella. Un día, uno de los que iban allí montados, que iba distraído, sin estar a lo que se debe estar cuando uno va subido en una calesita... se cayó.

Desde fuera, lleno de polvo y medio despatarrado en el suelo, llorando miraba hacia la calesita primero con incomprensión, con asombro y sorpresa. No esperaba caer, no estaba en sus planes. Luego estas emociones se fueron transformando y comenzó a mirar la calesita con odio, con rencor, con rabia. Con acritud, le echó la culpa a la propia calesita, por ir tan rápido. Luego, les echó la culpa a otros de los que estaban subidos, por... por que sí. Finalmente, siempre desde el suelo, se echó la culpa a si mismo, por haberse subido. Si no hubiera subido, no se habría caído. Y ahí se quedó largo rato.... con las lágrimas rodando por sus mejillas, dejando un surco en el polvo que se le había pegado en la cara al caer....

-.-.-.-.-.-.-.-

El final del cuento... De tu cuento, depende de ti. Si, siempre depende de nosotros.

Si elegimos ser responsable, si escogemos ser los protagonistas de nuestra vida, nos levantaremos, sacudiremos la tierra de nuestra ropa, limpiaremos las lágrimas de nuestras mejillas y cuando tengamos la primera oportunidad, volveremos a subir a la calesita. Este es el final feliz.

Otros elegirán quedarse tirados en el suelo, llorando cada vez más fuerte, hasta que mucha gente forme un corro a su alrededor, para poder contar con pelos y señales, como la culpa fue de los demás que estaban en la calesita, incluso les dirán a todos que nunca se vuelvan a subir en ella, porque es peligrosa, provoca sufrimiento y si pasó una vez, seguro que volverá a pasar.

En tu vida, cuando te caigas de la calesita, siempre podrás volver a subir, si así lo quieres. Pero no olvides... que si has caído... y no aprendes en que momento fuiste responsable de la caída, pronto volverás a verte en el suelo, lleno de polvo y llorando...

Porque no importa la caída, muchos caeremos y eso no es lo que determina nuestra vida. Lo importante es saber que tú puedes elegir la actitud con que enfrentar este hecho. Tú puedes decidir, que un golpe no puede arruinar tu tarde de calesita (o tu vida…) y que no quieres perder el tiempo encontrando a quien señalar con el dedo, buscando culpables, incluso, aunque no los haya.

Es más, todos los días nos cruzamos con personas que se han caído y que siguen caídas. Podrás reconocerlas porque son aquellas que van diciendo a todo el que quiera escuchar que la vida es mala, que no hay soluciones, que el amor no existe, que las injusticias caerán sobre quien quiera arriesgar, que no vale la pena volverse a subir, que ¡Ni lo intentes! Y sobre todo, querrán convencerte que ellos tienen razón, que tú eres demasiado ingenuo y que no tienes la experiencia que ellos tienen… Digas lo que digas, ellos tienen "la" razón.

No pierdas el tiempo, puedes pasarte el día o la vida discutiendo con los ellos, intentando ver quien tiene razón, intentando imponer "tu" razón…. Pero…

Ahora que me acuerdo… para esto también tengo un cuento.

5

El rey que discutió con un perro rabioso

Uno de los mayores obstáculos para la comunicación interpersonal, y para mantener unas relaciones sanas con los demás, es "la razón".

Creemos que somos seres razonables. Creemos que el poseer "la verdad" es algo inherente a nosotros mismos. Cada cultura, cada sociedad, cada religión, propugna y airea que tiene "la razón verdadera" Como dice el refrán.... cada maestrillo, con su librillo.

Pues si, es así, y muchas veces nos metemos en interminables discusiones a causa de defender "la Razón y la Verdad", hiriendo de muerte nuestras relaciones personales. Pasado algún tiempo, es probable que no recordemos cuál era esa verdad tan importante que destruyó nuestra pareja, o cuál era la razón absoluta que nos llevó a no hablarnos nunca más con nuestro único hermano. Pero ya no tiene importancia. Cuando anteponemos algo tan "importante" como tener la razón, a lo verdaderamente valioso, que es "la relación personal" estamos cometiendo una de las peores torpezas que podemos cometer.

¿Tienes tiempo? ☺ Este relato también va de castillos…

En un castillo de esos que hay en los libros de cuentos, vivía un rey, de esos que pueblan las historias antiguas. Un rey absoluto. Un rey que estaba seguro al 100% aunque todavía no se habían inventado los porcentajes. Un rey Verdadero, porque llevaba corona y todo.

Este rey, tenía la razón en todo. Estaba convencido de ello. Cada vez que decía algo, su corte le aplaudía y vitoreaba. Bueno, a decir verdad, hubo una vez, en la que un anciano erudito, que había sido maestro de su padre, no fue de la misma opinión que el joven rey, y esa misma noche, su cabeza rodó por los suelos del patio de armas de palacio. Pero luego de esa ocasión, el Rey siempre tuvo la razón.

Cierto día, iba caminando por los jardines de palacio.... cuando delante suyo, franqueando su paso, apareció un perro salvaje, un perro que echaba espuma por la boca y que tenía cara de muy pocos amigos. Estaba flaco, con poco pelo pero muchas pulgas. El Rey, que iba por su camino, ordenó a los sirvientes que le acompañaban que apartaran al perro. Y aunque los sirvientes eran muy sumisos y obedientes, no eran tontos, sabían que la rabia mata, conocían el semblante de la rabia, y ese perro, tenía su misma cara. Por lo que en lugar de apartar al perro, hicieron que no habían escuchado nada y salieron corriendo lo más rápido que pudieron en dirección opuesta.

El Rey, luego de tacharlos de cobardes y de acordarse de sus madres y de toda su familia.... miró fijamente al perro de hocico espumoso, y le dijo.

_Yo soy el Rey. Estás en mis tierras, este camino, lo ha construido mi abuelo, y Yo voy a pasar por aquí, digas lo que digas. El perro, no retrocedió ni medio paso, a lo que el Rey, volvió a la carga diciendo:

_Tú no tienes ningún derecho sobre este camino, la verdad es que eres un pobre perro mugroso y Yo soy quien posee el derecho a recorrer este sendero.

Y dicho esto.... el Rey, avanzó a paso firme hacia el perro. Pero claro, el pobre animal enfermo, no conocía los derechos del Rey, no sabía que el Rey era quien siempre tenía Razón, no sabía que La Verdad le acompañaba allí donde el rey iba.... por lo que al llegar el monarca junto al animal, éste se abalanzó y le mordió en una pierna, contagiándolo así de rabia.

Los criados, que habían ido a buscar sus armas, llegaron unos segundos después y dispararon contra el animal, que cayó inmediatamente herido de muerte.

Pasados unos días, el Rey, a punto de morir, llamó a su mano derecha para que escribiera unas palabras para sus hijos que eran muy pequeños y no comprenderían aún su mensaje... y con un hilo de voz... le dictó.

_Evita discutir, jamás se gana una discusión. Recuerda que una vez que el perro te ha mordido, no tendrás la razón, sino la muerte.

-.-.-.-.-.-.-.-

El intentar que en una discusión, la otra parte nos de la razón, es una de las principales causas de una mala comunicación.

¿Qué gano teniendo la razón, si al hacerlo he herido a una persona muy amada?

¿Cuál es el beneficio de tener la razón, de ganar y salir orgulloso de haber vencido en la discusión, si la otra persona me ha dado la razón por no escucharme más?

La mayoría de las veces, por no decir todas, una discusión no soluciona nada. No lleva a ningún lado más que a herir los sentimientos de los demás. ¿Cómo puedo saber si "mi" verdad es "LA" verdad? Neciamente, nos enzarzamos en peleas sin sentido, defendiendo nuestra postura, que a fin de cuentas, es tan válida como la de mi interlocutor, en la mayoría de los casos.

¿Por qué ha de ser el pescado mejor sin limón que con limón? ¿Por qué una opción política ha de ser mejor que otra? ¿Por qué una creencia religiosa tiene más validez que otra? En este sentido, me gustaría que pensáramos una cosa.

Nuestras ideas, nuestras creencias, nuestras "verdades" son las que son por el hecho de haber nacido en una época concreta, en una sociedad en particular, en un continente, en una familia, con una historia y unas ideologías específicas. ¿Qué habría pasado si hubieras nacido dos siglos antes? ¿Cuáles serían tus verdades de haber sido criado por una familia en la India? ¿Qué validez tendrían tus verdades actuales si nacieras dentro de 100 años?

No quiero que aceptes que yo tengo razón. No quiero imponerte mi verdad. Simplemente, me gustaría que pensaras en lo que acabo de escribir y que lo tuvieras presente a la hora de discutir con aquellas personas que tienes a tu alrededor.

¿Te acuerdas cuando te enseñaron que en la antigüedad creían que la tierra era plana? ¿Te acuerdas que a Galileo Galilei le persiguió la Inquisición por decir que la tierra se movía? Tenía razón, Galileo la tenía. ¿Pero qué significaba para él mantener una batalla a muerte defendiendo "su razón"? En ese momento de la historia, para él, significaba la muerte. Por eso, el puso por delante su vida, que le resultaba más valiosa, que "su razón" al abjurar ante los tribunales de la Inquisición. Eso si. Al terminar su juicio, dicen que pronunció su celebre frase: "*Eppur si mueve*" (y sin embargo, se mueve)

Por eso, la próxima vez que discutas con alguien, piensa en Galileo y valora si es tan importante que te den la razón o es mejor mantener, en este caso, la vida de una relación. Ya sabes… el tiempo le da la razón a quien la tiene, una discusión no.

6

El campesino que no quería ver la inundación

A veces, lo más complicado de superar, lo que no nos deja seguir avanzando, lo que nos impide ser felices, es el hecho de no aceptar lo ocurrido. Por mucho que nos empeñemos en mirar hacia otro lado, la realidad no cambia y el pasado no sufre variación alguna.

El siguiente cuento, podemos situarlo en cualquier país, en la zona rural de cualquier parte del mundo. Porque el protagonista de nuestra historia es un agricultor. Este hombre, había preparado la tierra para sembrar su cosecha, había trabajado duro y sembrado su parcela. Los días y los meses, habían ido pasando, y el también había estado ocupado cuidando de su cultivo.

Sus tierras, habían pertenecido a sus abuelos, luego a sus padres y ahora eran de su propiedad. Con lo que allí cultivaban, habían vivido sus antepasados, y ahora, lo hacía su familia. Además, le sobraba un poco para vender y comprar otros productos necesarios para la familia.

Un año, el clima de su región se volvió inestable, y comenzó a llover. Llovió varios días y como la tierra era buena, fue absorbiendo el exceso de agua. Pero de pronto, ocurrió un imprevisto. Sin que el agricultor estuviera preparado para ello, uno de los ríos cercanos, que en épocas de sequía le era útil para regar sus cereales, ahora se desbordaba. Sus tierras, que estaban cerca del cauce del río pronto se anegaron. Pero el agricultor, seguía mirando al cielo, para que dejara de llover.

El campesino, vio venir las aguas, pero no creyó que esto le fuera a pasar a él. Vio en las noticias campos inundados, donde los demás se afanaban por cosechar pronto lo que estuviera disponible, para no perder el trabajo de todo el año, pero no vio que eso le estaba pasando también a él.

No quiso aceptar la realidad. En lugar de mirar su campo, de ver que sus cultivos estaban bajo el agua, y de tomar alguna medida, el campesino siguió decidido a no ver la realidad. Siguió negándose a mirar hacia sus campos y en lugar de eso, continuó mirando el cielo.

Cuando las aguas bajaron, sus vecinos, que en lugar de mirar hacia otro lado, aceptaron la situación y emprendieron algunas medidas, como cosechar lo que pudieron y así guardar algo de comida, tuvieron provisiones para unos meses, mientras volvían a preparar sus campos.

En cambio él, que se resistió a aceptar lo que había pasado, que se negó a ver la realidad, pasó un año duro, de penalidades y angustias hasta que las tierras estuvieron listas para una nueva siembra.

-.-.-.-.-.-.-.-

Durante nuestra vida, hay eventos que NO queremos que ocurran. A diario nos pasan cosas que no nos satisfacen. Pero es en aquellos momentos en los que una gran "inundación" llega a nuestra vida, cuando corremos más peligro. Si nos negamos a aceptar la realidad, si nos empeñamos en pensar que "esto" no nos puede pasar a nosotros.... estamos perdiendo un tiempo valioso, que deberíamos aprovechar para hacernos cargo de nuestra vida, para asumir nuestras responsabilidades y para tomar las decisiones oportunas.

Si te has separado, y te niegas a aceptarlo, si permaneces mirando hacia otro lado, mientras las aguas están arrasando tu futuro.... pierdes mucho. No te resistas a la realidad. Asúmela. Y una vez que hayas ACEPTADO lo que te ha pasado, podrás comenzar a dar los pasos necesarios para salir adelante. De todo se sale.

Si una crisis económica hace que tu empresa o tu trabajo peligren, ¿qué ganas mirando al cielo y quejándote de la lluvia? Cuanto antes tomes decisiones y emprendas acciones, antes saldrás de esa situación. Esperar a que deje de llover, puede arruinar años de trabajo.

Pero para salir, es necesario asumir que la realidad es la que es, y por mucho que nos quedemos mirando para otro lado, que nos quedemos quejándonos de nuestra mala suerte, que nos atasquemos echando la culpa a los demás..... Mientras no aceptemos y asumamos nuestra responsabilidad, seguiremos hundiéndonos y con el agua hasta el cuello.

7

Crecer como un árbol

Para mí, no hay mayor placer que dormir una siesta, sobre el césped y bajo un árbol. Les dejo un cuento para entender a los árboles y ¿por qué no? aprender de ellos...

Un día, caminando para buscar un árbol que me cobijara, encontré dos que estaban juntos. Uno era pequeño y parecía un poco enfermo, eran de la misma especie y no me preguntes porque lo se, pero tuve la sensación que habían sido plantados el mismo día. El otro, era mas frondoso y parecía tener más que compartir, los toque a los dos y finalmente me recosté a la sombra del mayor.

El sol pasaba filtrado por las frondosas hojas del árbol, y la brisa me acariciaba. Cerré los ojos y pasados unos minutos, comencé a escuchar unas quejas...

_Siempre igual... Cada día tengo que aguantar el mismo desprecio... La gente es muy egoísta, solo buscan su comodidad...

El constante sonido quejumbroso cesó de pronto, cuando se escuchó otro sonido, mas profundo, calmo y relajante.

Era algo así como...

Eres hermoso, igual que yo, porque nuestras semillas vienen del mismo árbol. Si tú quisieras tendrías a más personas cobijadas bajo tu sombra. se oyó decir a la otra voz.

Si, pero la culpa es tuya. Si tú no estuvieras ahí, me elegirían a mi, eso ya lo se. volvió a quejarse la primera voz.

_Mientras no te hagas responsable de ti mismo, encontrarás siempre a quien culpar por tu falta de decisión y por no llegar tan alto como en realidad puedes llegar. –volvió a decir la voz calmada y tranquila del árbol más grande.

_Claro, pero de todos modos es tu culpa, tienes raíces mas grandes y consigues más agua y nutrientes que yo... –continuaba quejándose el árbol más pequeño.

Y cambiando el tono, de quejumbroso a ligeramente humilde pregunto:

_Dime, ¿como lo has hecho?

Cuando nuestras semillas viajaban juntas por el aire – comenzó a decirle el árbol más frondoso y caímos juntos en esta ladera, comprendí que tenía una responsabilidad, para llegar a sobrevivir debía buscar agua, formar raíces y asentarme. Luego, una vez conseguido esto, no me conforme con solo tener agua y descubrí que tenia una misión... Crecer y crecer hasta donde diera mi potencial. Por eso, mi tarea diaria es estirar un pocos mas mis raíces, buscar nuevas aguas, alimentarme mejor... Y así, cuanto la gente agradece mi esfuerzo sentándose a mi sombra, vuelvo a aprender cada día que estoy aquí por esa misión. Cada día tengo la oportunidad de reafirmar esto y con renovadas fuerzas y alegría, agradecido, vuelvo a estirar mis raíces un poco más allá, más profundo, experimentando nuevas aguas que me ayudan a seguir creciendo, así lo hago. ¿Cómo lo has hecho tú?

_Yo cuando caímos aquí, comprobé que la tierra era fértil, que cada tanto caía algo de lluvia y eso me proporcionaba alimento. Te veía a ti esforzarte, estirarte para llegar más lejos, y te tache de ambicioso. En cambio, yo me quede recogiendo cómodamente el agua que llegaba a mis raíces. Como cada tanto llovía…. No necesite esforzarme. Ahora, ya mis raíces se han endurecido y atrofiado y por mas que lo intento no crecen como las tuyas.

_Si dejaras de mirarme, y aprendieras que triunfar es

superarse a uno mismo y no ganar a los demás, créeme, llegarías más lejos.

Una brisa suave y húmeda me despertó. Había dormido plácidamente hasta que una lluvia de primavera estaba dando su primer aviso.

Pasados unos años, volví a esa pradera, y me asombro ver dos árboles casi iguales, bellos, con copas frondosas que daban dos buenas sombras y de estupendo aspecto. Al sentarme apoyado junto al tronco del que era ligeramente pequeño, recordé un sueño que tuve una vez sobre dos árboles.

Y al recordar aquel sueño, me dije a mi misma... ¡¡¡Que tontería de sueño!!! Hay que ver las cosas que soñamos a veces…

Los árboles siempre crecen hasta el máximo de su potencial, solo los hombres nos conformamos y acomodamos para luego quejarnos y culpar a los demás de nuestro destino...

Me recosté y volví a echarme la siesta.

-.-.-.-.-.-.-.-

¿Cuántas veces miramos a los demás y nos quejamos por no haber llegado tan lejos como ellos?

¿Cuántas veces nos damos a nosotros mismos unas razones de lo más convincentes para apoyar porque no conseguimos nuestras metas?

¿Cuántas veces nos conformamos con sobrevivir para luego lamentarnos y arrepentirnos por no haber dado más de nosotros mismos?

La cuestión, es que muchas veces, llegamos a convencernos que la vida es injusta, que no tenemos suerte, que en el reparto no hemos salido agraciados con una buena vida, que otros tienen más dones, o estrella que nosotros.... y olvidamos, que todos nacemos iguales, desnudos y llorando, y que la única diferencia entre quienes llegan más alto y quienes no lo hacen, es la disciplina, la persistencia, el compromiso con nuestra propia vida y con nuestro yo futuro.

Un pequeño esfuerzo diario, un pequeño avance, un nuevo aprendizaje, una acción repetida constantemente y mantenida en el tiempo, es lo que marca la diferencia entre quien llega más lejos y quien permanece quejándose por no haber llegado.

Hablando de esto, me gustaría contarte una fábula de Esopo, desde mi punto de vista.

8
Reivindicación de la Tortuga

Me gustaría, como se suele decir, partir una lanza en favor de la Tortuga de la Fábula de Esopo. Si, de aquella que ganó la carrera a la Liebre.

Te propongo mirar otra vez el cuento de la liebre y la tortuga, desde tus necesidades actuales. ¿Que te falta por aprender de ese cuento?

Si, me vas a decir, que aunque seamos lentos, podemos ganar la carrera si no nos paramos a charlar, ¿no? ☺

Pero sabes... ¡creo que hemos interpretado mal el cuento! Si te ha pasado como a mí y has visto los mismos dibujos que yo, es probable, que al acordarte de esta fábula, tengas una imagen demasiado positiva de la liebre. Si tuvieras que describirla: ¿qué dirías de ella? Seguramente recordarás que nos la dibujaron como lista, como chula, como popular (porque yo recuerdo que tenía a las conejitas alrededor embobadas, ¿tú lo recuerdas? Es probable que no hayamos captado en profundidad el mensaje. ¿Puede ser? Creo que desde algunas ilustraciones o dibujos animados, se le ha hecho un flaco favor a esta fábula, centrándose en la conducta de la liebre, mostrándola como más lista, con más destreza, más preparada...

¡¡¡Desde luego que no fue la mejor manera de enseñarnos a ser tortugas!!!

Veamos... ¿Quién de ustedes quiere ser una **tortuga**?

¡¡¡¡Seguro que ninguno ha levantado la mano!!!!

Todos deseamos ser liebres, con sus aspectos positivos, y nos creemos "**tan listos**", ¡que no vamos a dejarnos ganar por la tonta de la tortuga!

¡Faltaría más!

Esopo, nos intentaba enseñar que el exceso de confianza, la pereza, la chulería, la pedantería eran malos hábitos, que al final, te llevaban a que un animal tan tonto, tan lento, con tan mala prensa ganaba a quien era mucho más famoso, ágil y preparado para las carreras.

Pero.... ponte a pensar.....

¿Cuántas veces has sido liebre en lugar de tortuga?

¿Qué has conseguido siendo liebre?

¿Cuántas carreras tienes ya ganadas?

Y tu vida, esa carrera que tanto te importa... ¿Cómo la estás encarando? ¿Cómo liebre?

Estoy convencida que desde que esta fábula comenzó a ilustrarse, se produjo un agravio importante en contra de la tortuga. ¿Qué pasaría si en lugar de esa cara de tonta, de lenta, de demasiado aburrida, recordáramos otra tortuga con otra cara, que le devuelva la dignidad tan estupendo animal?

Dicho esto, volvamos a contar el cuento....

Había una vez, una liebre, muy chula ella, que se creía el animal más rápido del bosque. Y también había una tortuga, que era la campeona en perseverancia, confianza en si misma, constancia, decisión, motivación de triunfo, disciplina, entre otras muchas cualidades. Ambos animales se retaron a correr una carrera. Y si solo miraras sus virtudes, sus buenos hábitos.... ¿Quién crees que ganaría la carrera?

TE DESEO QUE SEAS MÁS TORTUGA Y MENOS LIEBRE

¡Proponte una meta, y ve hacia ella siendo la mejor tortuga de todas!

¿Cuántas veces en la vida, somos liebres?

¿Te ha pasado alguna vez mirar con desprecio a alguien a quien consideras con inferiores cualidades que tú, y que a la larga, ha obtenido unos resultados mejores que los tuyos?

¿Cómo puede ser, que esa persona, que hasta parece tonta, esté triunfando y tú, que eres más listo, no lo estás haciendo?

Precisamente, porque estás comportándote como la liebre de la fábula. Porque te estás apoyando en tus cualidades, pero no estás siendo consciente, que la carrera no la gana quien tiene más fuerza o más velocidad, o más inteligencia, sino quien no abandona, quien no se entretiene por el camino, quien avanza dando lo mejor de si mismo en cada paso, quien confía en poder llegar, quien es disciplinado y perseverante. Por eso, cuando te sientas tentado de reírte de alguna tortuga, piensa un poquito, y aprende de ella.

9

La Mariposa que no sabía ponerse en los zapatos del Payaso

¿Alguna vez te han dado un pisotón? ¿Y alguna vez te han acusado de ser tú quien ha dado el pisotón?

Era una fiesta muy concurrida, una fiesta de disfraces, ya que era para la época de los carnavales. Todos estaban muy "coloridos" y originales en sus trajes. El solo hecho de ver esa cantidad de gamas de colores, ya era motivo para pasárselo bien.

Nuestra protagonista, iba de mariposa. Y su pareja de baile era un payaso. Bueno, en realidad no era un payaso, sino que iba disfrazado como uno. Con una chaqueta grande, a cuadros verdes y blancos, con una solapa azul eléctrico y una flor de esas que tiran agua cuando te acercas a olerla. Llevaba unos pantalones verde lima, anchos, grandes, donde cabrían dos o tres personas y los típicos zapatos largos de color naranja bien llamativos, con rayas blancas.

Durante el baile, Mariposa y Payaso tenían un problema. Mariposa no sabía calcular bien donde empezaba el pie y donde iba hueco ese largo zapato, y cada tanto, sin darse cuenta, le daba un pisotón.

Payaso, la miraba al principio sin decir nada…. Pero luego de 32 pisotones hasta la paciencia de un payaso se agota.

_Mariposa, me has pisado.

_ ¿Cómo voy a pisarte yo? Si el que tiene los zapatones eres tú, Payaso. Imposible que te duela, seguramente te habré rozado.

_Seguro que no lo has hecho a propósito, pero ya me está doliendo el dedo gordo, de tanto pisotón.

_ ¡Qué no! ¡Qué yo no te he pisado! Eres un desconsiderado, yo no te he pisado y encima me estás diciendo que te hago daño. ¿Quieres decirme que no se bailar, que no se lo que hago?

_No Mariposa, no quiero decirte eso, solo quería que tuvieras cuidado, porque me duele que me pises.

El baile entre la Mariposa y el Payaso, se terminó antes que la música. Ella no aceptaba que estaba haciendo daño a su compañero y se marchó ofendida.

-.-.-.-.-.-.-.-

En nuestra vida, muchas veces recibimos pisotones. Y otras veces, somos nosotros quienes los damos. Lo que me gustaría que comprendieras hoy, es que no importa la fuerza del pisotón. Si a la otra persona le ha dolido, si la otra persona se ha quejado, préstale atención. Por lo general, las personas no se quejan sin motivo, no se quejan porque sí.

Puede que su motivo, no sea para ti tan importante (como un pequeño pisotón, o no haber hecho un recado, o no haber planchado una camisa) pero muchas veces no sabemos el daño que podemos estar haciendo en la otra persona. Y no solamente en ella, sino en la relación. ¿Qué pensarías tú si no te sintieras escuchado? ¿Qué creerías que ocurre entre ustedes si no te sintieras comprendido? ¿Dudarías de sus sentimientos hacia ti? ¿Cómo reaccionarías en ese caso? Por eso, lo mejor que puedes hacer es ponerte en su lugar. Tratar de empatizar, de experimentar sus sentimientos.

No hay nada mejor para una relación, que podamos ser empáticos, poniéndonos del lado del otro, para interpretar sus sentimientos, pidiendo disculpas, procurando comprender los motivos por los que la otra persona se ha sentido dolida, que podamos hablar de lo que nosotros sentimos, aunque en ese momento nos produzca tensión, inseguridad o hasta dolor. Si somos capaces de ponernos en los zapatos del otro, el baile no se terminará antes que la canción.

10

¡Quítate el sombrero!

En la vida, tenemos "algo" que nos acompaña, siendo adultos, que quizás lleva con nosotros desde nuestra infancia.

No nació con nosotros, no estaba el día de nuestro nacimiento. En cierta forma, éramos libres de él al nacer. Y poco a poco, se fue "pegando" más y más. Se fue convirtiendo en parte de nosotros.

Tan pegado está que muchas veces no lo vemos. Se ha convertido en una extensión nuestra, es como si tuviésemos un sombrero, que nos da más altura, para explicártelo mejor voy a contarte un cuento.

Ana sabía lo que medía, su mente, se había acostumbrado a su altura, y no era habitual que se golpeara en la cabeza cuando pasaba por debajo de las puertas. Su cerebro tenía calculado su tamaño y sabía si pasaba o si necesitaba agacharse.

Un día, como iba a hacer mucho sol, escuchó voces que le decían que se pusiera un sombrero, que debía protegerse, que era una loca si se arriesgaba a salir sin sombrero... Y así fue, como se lo puso.

Ese "sombrero", en principio, le fue útil. Le evitó el dolor de pasar por una insolación. Pero, Ana, se olvidó de quitárselo, y el sombrero, comenzó a formar parte de ella.

Ya no podía tomar las decisiones pensando solo en ella, tenía también en cuenta el "extra" y eso le impedía hacer muchas cosas. Estaba condicionada por el sombrero.

Si llovía, no podía salir, porque se volaría y mojaría. Si iba a conocer a alguien.... se quedaba pensando si le gustaría el sombrero. Constantemente debía agacharse, porque ya no calculaba bien si pasaba o no pasaba por debajo de las puertas.

Poco a poco, todas las decisiones que tomaba, se vieron supeditadas a que "pudiera" hacerlo con el sombrero. Y como muchas cosas no podía.... o no sabía si se podían hacer con sombrero... un día, dejó de intentarlo.

-.-.-.-.-.-.-.-

¿Sabes de qué te hablo?

Ese sombrero, es tu miedo. Da igual a qué le temas. Ese temor, se ha apoderado de tu vida, y es quien determina que decisiones tomas. Está dentro de tu mente, forma parte de ti. Y aunque seas consciente de tus miedos, como tus propias creencias le han dado vida, no puedes borrar tus miedos si sigues pensando como piensas hasta ahora.

Tu pensamiento, creó tus miedos.

Tus miedos, condicionaron tus acciones.

Tus acciones, crearon tu vida.

¿Qué habrías hecho de y con tu vida sin esos miedos? ¡¡¡Aún estás a tiempo!!!

Solo necesitas aprender a ser un observador distinto de aquello que te paraliza en tu vida. Mira al miedo a la cara y asume que esos pensamientos que lo crearon ya no te hacen ningún favor. Asume que tú quieres ser el Protagonista de tu vida, AHORA, que no hay otra oportunidad más. Qué como dice la canción, la vida pasa de momento.

¡Es hora de quitarte el sombrero!

Muchas veces, somos conscientes de tener algún miedo que nos impide avanzar. Pero nos sentimos incapaces de librarnos de él. ¡Si fuera tan fácil como quitarse un sombrero! ¿No te lo quitarías? Pues precisamente eso es lo que necesitamos hacer con nuestros miedos. Primero, reconocerlos, determinar qué es lo que nos impiden hacer. Y luego entrar en acción. Quejarte por estar donde estás no lo resolverá. Permanecer en la queja nos consuela. ¿Te estás convenciendo a ti mismo que no puedes hacerlo? ¿Te dices a menudo que tienes mala suerte y por eso no puedes salir de donde estás? No te creas que es tan difícil. Creo que te lo explicaré mejor con otro cuento.

11

El cerdito lleno de barro

¿Cuántas veces en la vida, nos quedamos quejándonos y quejándonos por lo mal que estamos? ¿Recuerdas la última vez que te quejaste de algo? ¿Fue hace tiempo, la semana pasada o fue hoy mismo? ¿Y qué hiciste luego de quejarte, para cambiar aquello que provocó tu queja?

Muchas veces, no somos conscientes que quejarnos es una actividad inútil. Tan inútil como querer juntar agua con un colador. Tan inútil como meterse en un charco de barro y quejarse por haberse ensuciado. Si, así le pasaba a nuestro cerdito del siguiente cuento. No temas, que el barro no te salpicará a ti. Bueno, por lo menos mientras tú no quieras que te salpique. ☺

El cerdito, todas las mañanas, se levantaba de su sitio en el cobertizo donde dormía con los otros animales de la granja, y luego de desperezarse un par de veces, se iba, caminando, pesadamente y entre quejas, hasta una charca de lodo que había justo al lado.

Mientras se quejaba, le escuchaba la gallina, que también se levantaba tempranito. Ni bien había cantado el gallo, ¡ya estaba en pie! Y con mucho amor, sacaba a sus pollitos a picotear en la pradera. También la pata, salía toda señorona, con sus patitos detrás. ¡Hoy tocaba nadar en el estanque! Mientras tanto, el cerdo, revolcándose en su charca de barro, les miraba y se quejaba. Se quejaba y les miraba.

Día tras día, la ceremonia matutina era la misma. El cerdo iba a llenarse de barro y a quejarse, la gallina y sus pollitos a buscar lombrices y la pata y sus patitos a chapotear en el agua.

Una tarde, la pata y la gallina, estaba hablando, y al entrar el cerdo, comenzaron a cuchichear. Éste, un poco mosqueado, se dio perfecta cuenta que hablaban de él. (porque como ya sabrás, los cerdos son animales muy inteligentes)

_ ¿Qué es lo yo no puedo escuchar?_ les preguntó.

Nada dijo la gallina que era un poco… gallina.

_Mira cerdo, _ dijo la pata, que era más resuelta que su compañera_ aquí, con la gallina, estamos hablando de ti. Te la pasas el día quejándote. Que si el barro no me gusta, que si el barro me ensucia mucho, que si el barro es un asco, que si el barro se seca y me pica, que si en el barro hay muchas moscas…. ¡Y no se yo cuantas quejas más!

_ ¿Y eso acaso no es verdad?_ respondió el cerdo.

_Si, no estoy diciendo que estar todo el día lleno de barro no sea feo. Lo que comentábamos es que no tienes que estar ahí si tú no quieres.

_Pero… _ dijo el cerdo… y no pudo decir nada más. Se acordó de la rutina diaria, y recordó ver a la gallina y a la pata, salir del mismo sitio que el. Y se dijo a si mismo. Es cierto, puede ser que esté de barro hasta el cuello…. Pero mañana, en lugar de quejarme, e ir al barro, voy a hacer otra cosa.

Esa noche, todos durmieron tranquilos. De madrugada, el gallo, como un reloj, los despertó con las primeras luces del alba. Y el cerdo, iba a empezar a quejarse, (de echo ya había dicho: El barro es…) Cuando la pata lo mandó callar. El cerdo, sorprendido, recordó la conversación del día anterior. Cerró la boca, no terminó su frase, y se fue, estirando las patas, hasta el estanque. Allí, se refrescó un poco. Luego, dio un paseo hasta la pradera, y estuvo comiendo violetas silvestres, que estaban buenísimas. Y finalmente, se tumbó a la sombra de un encinar, donde tenía bellotas aquí y allá.

Nuestro amigo cerdo, de vez en cuando, en los días sucesivos, se metió en el barro, pero ya nunca más se quejó. Porque aprendió que así como el solito se había metido en el lodo, el mismo tenía la capacidad para salir y elegir vivir otra vida.

-.-.-.-.-.-.-.-

¡Mira que listo el Cerdo! ¿Y tú? ¿Te llega ya el barro al cuello? ¿No me digas que sí, y que aún sigues quejándote sin hacer nada? No… ¡te dije que no me lo dijeras! A ver si ahora voy a pensar que eres menos listo que un cerdo.

En la vida, muchas veces tendremos problemas. Pero así mismo como nos metimos en ellos, podemos elegir salir. Luchar, decidir cambiar, elegir otras opciones, otras praderas y otros estanques en lugar del lodazal. Nadie puede hacerlo por ti. Tu tristeza es tuya. Tus quejas, también lo son. Y es tu responsabilidad cambiar las quejas por acciones para resolver eso que te molesta. Y por supuesto, si crees que solo no puedes, nunca está de más pedir ayuda.

12

730 gotas menos

Este cuento, es una excelente metáfora, (o por lo menos a mí me lo parece) para explicarte lo que ocurre cuando abandonamos nuestro matrimonio. No quiero decir cuando nos separamos, sino, cuando aún casados, dejamos de cuidar el uno del otro, dejamos de respetarnos el uno al otro, dejamos de estar atentos a las necesidades, el uno, del otro.

¿A que alguna vez has tenido algún grifo del que ha empezado a salir menos agua? En la cocina, es más fácil, porque desenroscas, soplas, limpias el filtro, y el agua vuelve a salir. Pero la alcachofa de la ducha es mucho más complicada de limpiar (por lo menos para mí)

Cuando ponemos grifería nueva, por ejemplo, en la ducha, sale el agua estupendamente. Podemos bañarnos con mucho placer, sentir como el agua nos relaja, nos refresca o nos revitaliza. Y los días van pasando, las semanas y los meses también. Poco a poco, el agua, que aquí donde yo vivo tiene mucha cal, va tapando, paulatinamente y de forma casi imperceptible la alcachofa de la ducha.

Tan poco a poco, casi al ritmo de unas dos gotas menos por día. ¿Tú serías capaz de darte cuenta que de tu ducha salen dos gotas menos que ayer? Pues yo la verdad que no me di cuenta. Día tras día, ducha tras ducha, y al ritmo de dos gotas menos por día…. ¡¡al final del año faltan 730 gotas!!!

Pero por lo general, como esa disminución ha sido tan lenta, tan paulatina, no nos hemos dado cuenta. Y nos hemos ido acostumbrando a tener dos gotas menos hoy. Cuatro gotas menos mañana, catorce gotas menos a la semana….

Hasta que un día, vamos a un hotel o a la casa de una amiga, y ahí nos duchamos. ¡Esta si que es una ducha! Y no la porquería que tenemos en casa. De esta ducha sale el agua estupendamente, te da placer y te relaja, y de pronto, te das cuenta, que en casa ya no tenías esas mismas sensaciones. Descubres con estupor, que no eras consciente que estaba saliendo menos y menos agua cada día. Pero ahora, ya no quieres bañarte con menos agua.

-.-.-.-.-.-.-.-

Quedan dos opciones. Vuelves corriendo a casa, y arreglas tu ducha. O puedes convencerte que ya no tiene arreglo, y prefieres no ducharte más en casa. Entonces, cada vez que lo necesitas, acudes a ese hotel, a esa otra ducha, donde si puedes encontrar lo que en casa crees que ya no puedes. ¿Qué pasaría si intentarás solucionar el problema de casa? La otra persona, que también se bañaba en casa, no es consciente de lo que ocurre. Solo podrá darse cuenta si tú le dices que algo no va bien, que hay menos cantidad de agua y que por eso, ahora, ducharse ya no les resulta tan placentero a ninguno de los dos.

¡Cuántas parejas permanecerían juntas, sin divorciarse, si se dieran cuenta que han ido dejando de darse afecto, atención, cariño, intimidad, poco a poco! No hace falta que otra persona te de lo que en casa consideras que no recibes. ¡Puedes hablar! ¿No tienes boca? En lugar de enfadarte con tu pareja, porque el duchador tiene menos caudal de agua, puedes hablar con ella, y pedirle ayuda para solucionarlo. Estoy segura que cuando lo reparen y empiecen, ambos, a notar que el agua vuelve a salir, recuperarán las sensaciones del principio de la relación.

¿Y si en lugar de esperar a que se tape tu grifería, la limpiaras y mantuvieras en buenas condiciones cada semana, cada mes? Entonces nunca sentirías que te faltan esas 730 gotas menos por año.

La rutina, el estrés, la falta de comunicación, el exceso de trabajo o de preocupaciones, los problemas laborales, los niños, los suegros, la familia, los problemas económicos, las enfermedades, las diferencias de opinión, son pequeñas piedrecitas de cal, que van taponando nuestro flujo de afecto. Cada día, puedes hacer un repaso de tus acciones, analizando si has dejado que estas circunstancias se vayan metiendo, como la cal, en tu relación. Y en tu mano está mejorar la comunicación con tu pareja, para "limpiar" tu pareja de estos obstáculos, y así, evitar que en el futuro, uno de los dos elija ducharse en otro lado.

13

Las muletas

La verdad que algunos inventos del hombre han cambiado la vida a muchas personas. Cuando vamos envejeciendo, algunos tenemos problemas de movilidad, o por ejemplo, cuando tenemos un accidente, cuando sufrimos alguna rotura, no podríamos caminar sin muletas.

Y algunas veces, el accidente o la caída, no nos rompe una pierna, sino el corazón. Y ahí es cuando necesitamos otro tipo de muletas. ¿Me dejas que te lo explique? Si, que suerte has tenido. ¡Has adivinado! Te contaré otro cuento.

Tres amigos, que se llevaban muy bien, que eran inseparables, un día, tuvieron la genial idea de comprarse una bicicleta de tándem, de esas que van unidas una a la otra, y a la otra, porque nuestros protagonistas eran tres, ¿recuerdas?

Bicicleta arriba, bicicleta abajo, al principio fueron bien, pero luego de unas horas, y acusando el cansancio, uno de ellos equivocó la pedaleada y terminaron los tres en el suelo. Con tanta mala suerte, que cada uno de ellos se rompió una pierna.

¡Qué cabreo se llevaron! Uno le empezó a echar la culpa al otro, y ese al otro, tanto fue así, que dejaron de hablarse. Llamaron cada uno a su familia y se fueron cada uno a un hospital distinto. Al primero, le vendaron su pierna, y le dieron a elegir si quería muletas, silla de ruedas, o quedarse en la cama. Este primero dijo que las muletas no servían para nada, porque aún así tendría que apoyar la pierna y al final podría incluso volver a caer. Tampoco quiso la silla de ruedas, dijo que eso era para quejicas, para cómodos y vagos. Por lo que decidió quedarse en la cama, mientras se curaba. El segundo de los amigos, quería quedarse en cama, pero en el hospital no había camas, y entonces le ofrecieron una silla de ruedas, y se acostumbró a ir así, en la silla de ruedas. No tenía que apoyarse en la pierna, no le dolía, pero así, no era capaz de ir por su cuenta a muchos lugares, sobre todo, donde había escaleras y demás barreras arquitectónicas que le impedían llegar. El tercero de los amigos, quería seguir caminando, quería seguir llegando a los sitios por su cuenta, y en primer lugar rechazó la opción de quedarse en cama. La vida seguía en marcha, y el quería continuar, a pesar de su pierna rota. También le ofrecieron la silla de ruedas, pero en lugar de verla como una ventaja, opinaba que era un impedimento más, y finalmente, luego de pensarlo, aceptó que la mejor opción para el eran las muletas. Mientras iba caminando, pasito a pasito, su pierna se iría fortaleciendo, podría seguir con sus proyectos, con su vida, y las muletas serían un buen apoyo ya que una vez sanada la pierna, estaría fuerte y con confianza para seguir adelante.

¿Sabes quien se curó antes? El que estuvo en cama, tuvo que pasar luego varios meses en rehabilitación, para volver a fortalecer sus músculos. El que estuvo en la silla de ruedas, tuvo tanto acumulado para hacer, por la imposibilidad de ir en silla de ruedas, que luego tuvo que pedir un mes más de baja para solucionar todas las tareas atrasadas. Y nuestro amigo, el de las muletas, tuvo la suerte de ir fortaleciéndose mientras las usaba, y también pudo ir haciendo todo lo que necesitaba hacer, por lo que no tuvo que ir ni a rehabilitación ni tenía tareas pendientes cuando le quitaron el yeso. ¿Y tú, qué elegirías?

-.-.-.-.-.-.-.-

Como sabrás, no te estoy hablando de unas verdaderas muletas. Sino del apoyo necesario para recuperarnos de una caída, de un problema, de una crisis personal. Algunas veces, creemos que podemos salir solos, que quedarnos en la cama hasta que se nos pase, será lo mejor. Aislarnos con nuestra propia desgracia, sin ayuda de nadie, suele confirmar el dicho que dice: Es peor el remedio que la enfermedad.

¿Por qué digo esto? Porque si nos quedamos inmensos en nuestro propio dolor, en nuestros propios pensamientos, en los mismos, que quizás fueron los causantes de habernos hundido, no solucionamos nada. El apoyarse completamente en otros para resolver nuestros problemas, es elegir la silla de ruedas. Elegir que sean otros quienes nos vayan llevando, hasta que nos encontremos curados, puede ser también un arma de doble filo. Al no ir "probando" si ya podemos pisar, al no ir avanzando y dando pequeños pasos, perdemos la confianza en nosotros, y creemos que aún no estamos preparados para curar, para salir de ese problema que nos ha causado dolor emocional. En cambio, las muletas, es lo más parecido a recurrir a la ayuda de un profesional. Un terapeuta que te sirve de apoyo, pero que no hace las cosas por ti. Una persona que te muestra que puedes andar solo, como cuando llevas muletas, y que poco a poco, en cada paso, te vas fortaleciendo.

Cuando nos vemos en problemas, cuando una crisis ha cambiado nuestra vida, cuando las circunstancias nos son adversas, no podemos quedarnos esperando a que cambien, o a que nuestra situación se resuelva sola. Algunas se resolverán, pero ten por seguro que no será en la manera en que tú esperabas.

Asumir que hay algunos pasos que nosotros debemos dar, y contar con esa persona-muleta, hará que recuperemos la confianza, la fuerza y la seguridad mucho antes de lo que esperábamos.

14

Tres árboles frutales

En uno de los programas de radio, se me ocurrió contar esta fábula, para explicar como podemos cambiar nuestra vida, si tenemos en cuenta qué árboles tenemos plantados en nuestra mente. ¿Te la cuento?

¿Sabías que el fruto de nuestra mente es lo que determina nuestro futuro? Si. Algunas personas, solemos tener tres árboles, que condicionan nuestra vida, nos alimentamos de ellos y eso hace que nuestra vida sea el resultado de comer de esos tres árboles.

Imagina que tienes una plantación. Y en esa plantación, tienes tres árboles. Cuando tienes hambre, vas y comes de sus frutos. ¿Pero que se puede esperar de nuestra vida si comemos de los árboles equivocados? Si uno de esos árboles, es el **árbol del miedo**, los frutos que da y de los que nos alimentamos, nos convertirán en personas miedos, llenas de angustias, temores e inseguridades. ¿Qué efectos produce comer de los frutos del árbol del miedo? Parálisis, el alimentarnos de miedo provoca que nos quedemos paralizados, que no seamos capaces de dar esos pequeños pero importantes pasos que nos harían salir de la situación y que nos encaminarían hacia nuevas y mejores soluciones.

Otro de los árboles, de cuyos frutos suelen comer las personas que no están viviendo como desearían, es el **árbol de la falta de fe**. El miedo nos paraliza. Y si dejamos de comer sus frutos, empezamos a avanzar. Pero si nos alimentamos de los frutos de la poca fe, no daremos todos los pasos que necesitamos, no enviaremos esa carta, no haremos esa llamada, no visitaremos a esa empresa. ¿Por qué? Porque aunque tengamos una meta, (sea cual sea) y aunque no tengamos miedo en dar esos pasos, el no confiar en que podamos conseguir nuestros objetivos, hará que no hagamos todo lo necesario para llegar. Si, por ejemplo, conoces a una persona y te gustaría entablar con ella una relación, si no eres miedoso o tímido para hacerlo, pero no crees que esa persona te responda como tu deseas, jamás darás el paso necesario para mostrarle tus sentimientos. No creer en nuestra meta, también nos impide avanzar, sin importar si nos consideramos o no miedosos. Podemos ser muy valientes, pero cuando descartamos que algo vaya a salir bien, cuando perdemos la fe, dejamos de hacer aquello que **si** nos conduciría a conseguir nuestros objetivos. Un comercial, que se alimenta de este árbol, pierde su poder de vendedor, porque deja de comportarse como lo hacía cuando confiaba en que podía vender.

Estos dos árboles, dan frutos que te impiden vivir en libertad. Aunque el que más miedo me da es el **árbol del**

realismo. ¡Cuídate mucho de comer de sus frutos! Este fruto, es amargo, envejece el alma y arruga el corazón. Las consecuencias de comerlo es una vida gris, sin sentido, sin pasión, sin motivación para alcanzar mejores metas, sin proyectos, sin pasos para dar, sin sueños, sin aspiraciones. Ser realista es cortar las alas a un pájaro. Ser realista es decirle iluso a un niño que sueña con ser astronauta. Ser realista es matar nuestro interior. Los que consumen este fruto, son aquellos que te dicen: ¡No lo intentes! ¿Pero tú estás loco? Esto no va a funcionar. En realidad no son malas personas, simplemente no son capaces de ver que hay muchas otras posibilidades para cambiar y crecer. Si, porque comer de ese fruto, también produce ceguera. Te quedas ciego al progreso. Te quedas ciego a nuevas experiencias. Te quedas ciego a aventurarte en actividades que podrían darte enormes satisfacciones.

Entonces, si tenemos estos tres árboles en nuestra mente, ¿qué podemos hacer? Pues lo primero que hay que hacer es talarlos. Dejar de alimentarnos de ellos, solo se consigue si cortamos esos árboles y plantamos otros nuevos. Porque nuestra mente, al fin y al cabo, necesita ser alimentada. Tú puedes elegir nuevos frutos.

Una vez que has decidido deshacerte del miedo, de la falta de fe y del realismo, tienes delante de ti un terreno fértil y fructífero listo para empezar a sembrar. ¿Quieres que te recomiende qué árboles puedes plantar? Los mejores, ¡por supuesto! Podemos empezar por plantar el **árbol de la Fe y de la Autoconfianza.** Sus frutos son sabrosos, te impulsan a seguir hacia delante, y a mostrar tu brillo a los demás. Cuanto te alimentas con pensamientos de fe y de autoconfianza, sabes que las cosas pueden salir bien, sabes que algunas veces saldrán mal, pero que eso no determinará que fracases, sabes que fracasar es abandonar, sabes que conseguir un resultado adverso, es señal de que necesitabas hacer algo un poco mejor. Cuando tienes fe en ti mismo y en tus objetivos, nada te impedirá llegar a alcanzarlo. Hay un relato, que es verídico, pero no recuerdo los nombres de quienes lo protagonizaron. Un alumno, que llega tarde a clase, ve en la pizarra tres ejercicios. Se ha perdido la introducción del profesor, y cree que es tarea. Los copia, y durante una semana les da vueltas y vueltas, hasta que finalmente logra resolver uno de los tres. Cuando se lo lleva al profesor, este se queda maravillado. Esos tres ejercicios eran problemas que aún no tenían solución. Los demás alumnos, al conocer esto de antemano, no lo intentaron. No tenían ningún tipo de fe y mucho menos de autoconfianza. ¿Cómo iban ellos, unos simples alumnos, a resolver estos problemas que personas eruditas no habían podido resolver? En cambio, el alumno impuntual, no estaba condicionado por la falta de fe ni por la falta de autoconfianza, no sabía que era imposible, y fue por eso que lo consiguió.

¿Cuántas cosas en tu vida dejas de intentar porque te has convencido que son imposibles? ¿Cuántas cosas te han dicho que no se pueden hacer? Te aseguro, que a quienes han cambiado el mundo, se lo habían dicho cientos, miles de veces. Y aún así, lo consiguieron. ¿Por qué? Porque comían del fruto de la Fe en sus metas y de la Confianza en si mismos y en su capacidad de aprender, de hacer las cosas de diferente manera, hasta conseguir los resultados deseados.

Y seguramente, también se alimentaban del otro árbol que te recomiendo que plantes. El **árbol de la Disciplina.** Los frutos de éste, son indispensables, te mantienen en la senda hacia tus objetivos, te inundan de perseverancia y te alejan de la procrastinación. Sus frutos son el comestible que necesitas para llegar más allá de tus propios límites. Una vez que te has marcado una meta, y que crees en ella, y que crees en ti, lo más importante es mantenerte en el camino, realizar el esfuerzo diario que te llevará hacia tu meta. Imagina que las personas que han inventado la electricidad, los ordenadores, los aviones, la bicicleta, los automóviles, hubieran sido personas indisciplinadas. ¡No habrían terminado sus proyectos, y aún estaríamos en la edad de piedra! Todo proyecto, toda meta, necesita de ti. Necesita tu fe, pero también tu esfuerzo disciplinado. Para llegar a ser un número uno del tenis mundial, Rafa Nadal tiene que seguir una disciplina. Los deportistas que consiguen medallas olímpicas, siguen sus entrenamientos con disciplina. El dueño de una tienda, que quiere mantener su clientela, tiene que abrir a un horario, disciplinadamente, cada día. Alimentarnos del árbol de la disciplina es fundamental para alcanzar cualquiera de nuestras metas, ¡incluso, cuando trabajamos para otros!

Y por último, procura encontrar las semillas del **árbol de la alegría.** Sus frutos te colmarán de optimismo, de amor, da pasión por tus sueños, te recordarán que la felicidad es una actitud con la que enfrentar la vida, y no un destino al que llegar. No te tomes tan enserio lo que ocurre. Si tomas con alegría las circunstancias que se presentan cada día, serás mucho más capaz de crecer y alcanzar aquello que te propongas, mientras vas disfrutando de la experiencia.

-.-.-.-.-.-.-.-

Por todo esto, ya sabes, te sugiero que vayas en busca del arado, que quites esos árboles que dan frutos envenenados, que dejes listo el terreno y llenes tu mente de pensamientos de autoconfianza, de fe, de alegría, de disciplina y de amor hacia tu propia vida, te aseguro, que nada podrá detenerte en tu camino hacia tu vida ideal.

Si, es probable que te haya convencido, pero aún así pienses que no puedes hacerlo. Permíteme que te cuente los motivos, con el siguiente cuento.

15

El caballo de alquiler

¿Alguna vez has alquilado un caballo? Si, de esos caballos que alquilan en algunas zonas turísticas, donde el sendero está gastado de tanto que los animales andan arriba y abajo por el. ¿No has tenido oportunidad de alquilar uno? Pues entonces, déjame contarte como son.

Un caballo de alquiler, es un animal muy dócil, que ha aprendido a seguir un recorrido, siempre el mismo. Es tan fácil de llevar que hasta un niño pequeño puede montar en el sin ningún miedo a que se pierda o que haga algo fuera de lugar. Un caballo de alquiler, no siempre lo fue. Al principio, tenía idea de ir por otros caminos, de probar otros senderos, de experimentar otros pastos… pero a fuerza de rebenque, ha desistido de hacer otra cosa que no sea la que le mandan.

Una vez que aprende el camino, ya no es sencillo hacerle cambiar. Si alguna vez has alquilado uno, sabes lo complicado que resulta querer salirte del camino marcado. Tú insistirás y el caballo tirará para volver a su sendero. Tú lo espolearás, y el caballo, hará caso, pero siempre intentando regresar a lo ya conocido. ¿A que tengo razón?

Cuando era joven, tendría unos 17 años, en casa teníamos una yegua. Me encantaba montarla, porque poder dominar a un animal así, con tanta fuerza, te hace sentir poderoso. Un día, habíamos salido ella y yo a dar una vuelta. Había estado montándola durante una media hora y decidí volver a casa. Era una casa en el campo, con un portón de 10 metros de ancho. A unos 200 metros de la puerta, aún veníamos bastante ligero, y justo frente a la entrada, ella decidió que quería volver a casa. Aún recuerdo como me reía luego, porque como era de esperar, ella fue más fuerte que yo, y mientras ella doblaba, con mi cuerpo, yo pretendía seguir recto, y fui cayendo hacia la derecha como en cámara lenta.

Un poco magullada, luego me puse a reír por lo cómica de la situación. ¡Imagínate! Íbamos al galope, y así, de salto en salto, fui cayendo mientras ella seguía directo hacia la casa, donde le esperaban comida y agua.

-.-.-.-.-.-.-.-

Así es nuestra mente. Cuando ha aprendido a hacer algo de determinada manera, (incluso aunque esté mal hecho) sigue como un caballo de alquiler, erre que erre, por el mismo camino, con los mismos procedimientos. Desaprender no es instantáneo. Desaprender requiere que uno ponga de su parte. Si a ese caballo, lo trasladan a otro sitio, puede aprender otro recorrido. Al principio le costará, pero a base de repetir, de corregir, de perseverar, de volverlo a intentar, finalmente, se hará con el nuevo recorrido.

Y así precisamente has de hacer con tu mente.

Cuando queremos incorporar un nuevo hábito, nuestro cerebro se suele comportar como un caballo de alquiler. Intenta una y otra vez volver al comportamiento antiguo, al que ya tiene aprendido, al que ya tiene fijado, al camino que está marcado. Pero tú, tienes que demostrarle, igual que a ese caballo, quien es el que lleva las riendas. Cada día, tendrás que luchar con tu propio cerebro, que querrá volver a lo conocido. Y cada día, tendrás que andar por ese camino nuevo, hasta que un nuevo sendero se marque.

No te rindas antes de tiempo. Decir que no puedes ser una persona ordenada, o que no puedes organizar tu tiempo, o que no puedes aprender un idioma…. es rendirse antes de tiempo. Cualquier cosa que tú quieras intentar, podrás conseguirla. ¡Te lo aseguro!

Si te enfrentas a esta tarea con paciencia hacia ti mismo, con perseverancia, con disciplina, te aseguro que nada te impedirá hacerlo. Piensa en todas las cosas que ya sabes. ¿Cómo fue que las aprendiste? ¿Te bastó practicarlo o hacerlo un solo día para ya saberlo? Cuando aprendiste a conducir, ¿cómo fue el aprendizaje? Nuestro cerebro, a pesar de ser un órgano prodigioso, es bastante vago. No le gustan las novedades, es ese caballo que prefiere el recorrido conocido y que una y otra vez, intenta llevarte hacia tu zona de confort.

Pero si te comprometes con tus metas, si asumes que conseguirlas es posible, si te propones ser tú quien lleve las riendas hacia el futuro que tú deseas, te aseguro, que lo lograrás. Hablando de caballos, me he acordado de otra metáfora que suelo utilizar, ¿quieres leerla?

16
El alimento del caballo

Vamos a ir directamente al cuento, y luego reflexionamos, ¿te parece?

En un pueblo de interior, de los miles de pueblos de interior que puede haber en cualquier parte de mundo, de esos en los que la gente aún se dedica a la agricultura y la ganadería, había dos vecinos. Cada uno de ellos tenía un caballo, que le ayudaba en las labores del campo, para recorrer sus tierras, para arrear el ganado y para ir hasta el centro del pueblo cuando había que hacer algún recado.

Los dos caballos, eran hijos de la misma yegua, y se llevaban un año de diferencia, por lo que eran casi iguales en tamaño, color y fuerza. Bueno, a decir verdad, eran muy parecidos al principio, pero pasados unos cuantos años, los animales ya no eran tan similares. Sobretodo en aspecto. Uno parecía endeble, débil, su pelo estaba escaso en algunas partes y con muy poco brillo. Sus crines, no eran tan bellas y fuertes.

En cambio, el otro animal era de una belleza deslumbrante. Si alguna vez has tenido un caballo cerca, si has podido acariciarlo, sabes la fuerza que transmiten. El brillo de su pelo era casi perfecto. Parecía un pura sangre de esos que van a los concursos y los ganan.

Un día, llegó un tercer vecino, que era el dueño de la madre de ambos, pero que no solía pasar mucho por ahí. Saludó primero al campesino dueño del caballo más bello. Y luego de charlar sobre como le iba la vida al recién llegado, se pusieron a hablar del caballo. El anterior dueño, estaba muy contento y le felicitó por lo bien cuidado que lo tenía.

A lo que el dueño de tan bello animal, respondió:

_ Siempre le he dado de comer de los mejores pastos, he comprado para el los mejores alimentos, el mejor pienso. Y es así, como se ha criado fuerte, sano, bello y noble. Ha sido una gran suerte comprarte este, porque al vecino, el suyo le ha salido malo.

_ ¿Cómo que le ha salido malo?_ preguntó extrañado el otro hombre._ ¿A que te refieres con eso?

Si, basta con que lo veas para que sepas de que te estoy hablando. dijo como toda respuesta, y se despidió para que este pudiera ir a visitar al otro dueño de uno de sus antiguos potros. Al llegar, ya desde lejos, vio un caballo que parecía más pequeño que el anterior, tenía las patas poco firmes, la cola escasa y las crines ralas. A medida que se fue acercando, pudo comprobar que, efectivamente, este ejemplar estaba muy deteriorado en comparación al anterior. Su pelo apenas brillaba, y le faltaba en algunas zonas del cuerpo. Caminaba como agitado, con poco brío. Tenía incluso apariencia de enfermo.

Luego de saludar al dueño, y sin mucho hablar de otras cosas, le preguntó qué le había pasado a su caballo. A lo que el dueño, como única explicación, le dijo que no había tenido suerte. Qué el suyo había sido el malo y el del vecino el bueno. Pero esta explicación no le convenció y siguieron caminando juntos hacia el establo, mientras conversaban de otras cosas. Al llegar allí, vio como el bebedero del animal, era un sitio infesto, con aguas verdes y a su lado, había una pila de pienso de muy mala calidad y algo de avena esparcida por el suelo.

El hombre, pronto comprendió lo sucedido. Su labor siempre había sido criar caballos, y si ambos habían sido cuidados iguales, siendo de la misma madre, no podían ser tan diferentes. Sus dudas se aclararon al ver el alimento del caballo. Concluyó que no era un animal malo, sino que había sido mal alimentado. Con pienso de muy mala calidad.

-.-.-.-.-.-.-.-

A esta altura del libro, ya sabrás que no estoy hablando de pienso, ¿verdad? Pero tampoco está tan lejos aquello de lo que quiero hablarte.

¿Con qué alimentas tu mente?

Igual que dos animales pueden ser tan diferentes, dependiendo del alimento que tomen, nosotros, las personas también podemos ser muy diferentes dependiendo del alimento que le demos a nuestra mente.

¿Qué esperas de una mente que es alimentada a base de los peores pensamientos, de los futuros más negros, de los miedos más paralizantes? ¿Qué podemos esperar de alguien que solo tenga para si mismo críticas y juicios injustamente severos?

Por suerte, aunque lleves media vida alimentándote de pensamientos negativos, si cambias ahora y de forma consciente, cambias, y eliges pensamientos positivos, verás lo pronto que te recuperas. A nuestras mascotas le damos lo mejor, compramos alimento balanceado, vitaminado, con aditivos para un mejor cuidado de su pelo y su salud. Mientras tanto, nuestra mente, la alimentamos con negatividad día tras día, echando luego la culpa a la mala suerte.

17
La mancha de humedad

¿Alguna vez has tenido una mancha de humedad en la pared? Cuando nos ocurre esto en casa, por lo general, llamamos a un especialista para que encuentre la solución, ¿verdad?

En nuestra vida, hay veces que también tenemos "manchas" en nuestras relaciones con los demás. ¿Qué no sabes a que me refiero? Bueno, déjame que te explique.

En una casa, vivía una familia. Un padre, una madre y sus dos hijos. En una pared, un día, apareció una mancha de humedad. Al principio no era muy grande, solo había cambiado el aspecto de la pared ligeramente. Y como era casi imperceptible, nadie hizo nada. A las pocas semanas, la mancha fue aumentando de tamaño, y poco a poco fue descascarando la pintura. Diminutas escamas empezaron a caer de la pared. La esposa, se lo comentó a su marido, quien compró una lata de pintura, y luego de lijar un poco la pared, le dio dos capas de pintura. Luego de este trabajo, la mancha desapareció y no volvieron a preocuparse. Pasados unos días, los síntomas volvieron a aparecer. La mancha, persistente, volvió a aparecer. Y pasadas unas semanas, estaba igual que antes de pintarla. El marido y la mujer, comenzaron a discutir sobre el tema. ¿Cómo había vuelto a salir, si ya la habían arreglado? El hombre, volvió a buscar el tarro de pintura y su pincel, lijó la pared, y nuevamente, volvió a pintar. A los pocos días, la mancha, incansable, apareció otra vez. Por lo que la pareja, cansados de pintar y repintar, decidieron preguntar a un especialista.

Este, llegó y al ver la mancha, y escuchar que la familia la había pintado y había reaparecido, confirmó que pintarla no era la solución. Qué eso podía "disfrazar" el problema durante unas semanas, pero que si no rompía la pared, si no iba al centro del problema, podían pasarse la vida pintando una y otra vez que la mancha volvería a aparecer sin remedio. Entonces, con un martillo, rompió la pared y enseguida encontró la causa. Una cañería se había roto, y de ahí salían ya una cantidad considerable de agua. Solucionó la avería, reparó la pared, y finalmente, volvió a pintar. Con eso, ya no tuvieron que preocuparse por este problema.

-.-.-.-.-.-.-.-

Cuando sale una mancha en la pared, a nadie se le ocurre pintar sobre ella, porque al poco tiempo, volverá a salir. Esta mancha, tiene unas causas, una cañería rota, una pérdida de agua en algún lado, una junta mal tapada. Y si no reparamos esto, por mucho que pintemos, la humedad volverá a arruinar la pintura.

En nuestras relaciones esa mancha es un síntoma. Si yo intento borrar, pintar el síntoma, pero no soluciono la avería, el agua que sigue saliendo, volverá y los síntomas, también. Cuando una persona está haciendo algo, o ha cambiado su conducta o actitud con nosotros, eso también es un síntoma. Si ponemos nuestro esfuerzo en que esto no vuelva a ocurrir, pero sin averiguar qué es lo que lo está causando, estamos intentando pintar sobre una avería.

Un hijo que se muestra agresivo, un esposo que aumenta sus críticas hacia su pareja, una mujer que cambia su carácter, un hermano que se muestra esquivo y retraído. Cuando esas personas que queremos, están mostrando unos síntomas, pero nosotros solo vemos la mancha, y nos enfadamos por esos cambios, nos centramos en el dolor que nos produce a nosotros esto, no estamos siendo conscientes de la realidad del problema. El problema no es la mancha. El problema no es el cambio de conducta. Es algo más profundo, que para solucionarle, debemos llegar hasta el centro del asunto, debemos escarbar en la pared y llegar a encontrar qué es lo que ha causado estos cambios.

Ya sabes.... Cuando notes que esa persona que quieres está distinta, que sus reacciones y respuestas no son las de siempre, acuérdate de este relato, acuérdate que por mucho que pelees para que cambie esa conducta, lo que tienes que hacer es centrarte en algo interior, mucho más profundo, que no está a la vista como esa simple mancha en la pared.

Bajo rendimiento escolar, una madre que no quiere estar con sus hijos, un hombre que cada día regresa más tarde a casa, un hermano que se vuelve distante…. todos son síntomas de un proceso interno que es mejor que lleguemos a hablar y descubrir, para poder dar con la causa y ayudar a esa persona a sentirse mejor.

18

Así muere un árbol de 400 años

¿Alguna vez te has parado a pensar en la fortaleza de algunos árboles? En todos los continentes hay árboles centenarios, incluso algunos milenarios, auténticas maravillas de la naturaleza. El más alto del mundo, es una Sequoia y está en el continente americano, y mide 115 metros de altura. Pero no solo pueden ser tan largos como 25 vehículos puestos uno encima del otro.... también hay algunos que podrían contarnos la historia de nuestra humanidad. El más viejo, calculan que tiene 9.550 años. ¡Si, has leído bien! En Suecia, y con solo 4 metros de altura, hay una pícea que tiene 600 años, pero su sistema de raíces se acerca a los 10.000 años. ¿Te imaginas tener que regar un arbolito durante todos los días, durante 10.000 años? Menos mal que no necesita que ningún ser humano le riegue, porque sino seguramente habría muerto muchísimo antes...

Bueno, pero como esto no es un libro de récords, ni de botánica, pasemos al cuento, que ya se que lo estás esperando.

¿Te imaginas la cantidad de tornados, tifones, huracanes, lluvias torrenciales, cambios climáticos, y tempestades de todo tipo que habrán tenido que soportar? Si hacemos cuentas, y poniendo que cada año haya 2 grandes tormentas, en 600 años ha vivido 1200 días malos. Y eso, haciendo cuentas chicas….

Hay árboles, que incluso sufren terremotos, la caída de rayos, grandes nevadas… y aún así, continúan erguidos, fuertes y majestuosos.

Tú y yo, como seres humanos, también tenemos esa fortaleza. Podemos soportar grandes cambios y superarlos. Cada problema, cada despido, cada separación, cada duelo son nuestras tormentas. Una vez que nos sacudimos el agua, secamos y sanamos nuestras ramas, y volvemos a mostrarnos en todo nuestro esplendor.

Pero al igual que a estos seres del reino vegetal, no son los grandes cataclismos los que nos derrotan, sino lo más insignificante.

Había una vez, en un bosque, un árbol que llevaba decenas de años ahí. Era más viejo que todos los hombres que pudieran pasar por su lado. Ninguno de los mayores del pueblo recordaba el bosque sin su presencia. Incluso los más ancianos, habían vivido tormentas muy duras, y habían tenido ellos mismos que talar decenas de otros árboles, que habían sucumbido ante el peso de la nieve. Pero este árbol, al que le habían puesto por nombre BigTree, seguía en su sitio, firme, impasible ante las adversidades. Algún año perdía alguna rama, que los habitantes del pueblo cercano cortaban y utilizaban para leña. Un día, decidieron averiguar cuántos años tenía, por curiosidad. Así fue como llamaron a un experto, que luego de hacerle una serie de pruebas, les confirmó que aquel coloso de 100 metros, llevaba vivo 400 años. Pero luego de la sorpresa y alegría general, el forastero, cambió su semblante y les dijo que tenía una mala noticia. BigTree se moría. Los vecinos se miraban atónitos, unos a otros, sin comprender como podía ocurrir esto. Y juntos empezaron a recordar todas las adversidades que había superado, durante los años que ellos podían recordar, más los que les habían contado sus abuelos. No podían creerlo. Es muy fuerte, exclamaban algunos. Es el árbol más fuerte de todo el bosque, eso es imposible, decían otros. Pero la respuesta del biólogo fue firme. Incluso los árboles más longevos, los más altos y los más fuertes, pueden ser derrotados por un pequeño escarabajo.

-.-.-.-.-.-.-.-

Por muy fuerte que sea, por muy firme que esté sujeto con sus raíces, una plaga de un ser tan diminuto como un escarabajo, o incluso mucho más pequeño, puede perforar su corteza y destruirle, poco a poco, desde dentro.

Al igual que este árbol, en nuestra vida, en nuestras relaciones personales, de pareja, podemos sufrir el azote del clima, pero caer derrotados por pequeñas rencillas y rencores diarios casi sin darnos cuenta.

Pues al final, voy a tener que aceptar que no somos igual que los árboles, ellos no pueden defenderse de la diminuta plaga, que en silencio los mata. Somos diferentes, porque tú si puedes elegir ser consciente del tamaño de las diferencias que tengas con tu pareja, con tu hermano, con tu padre… y solucionarlas.

19

Dos Caminos

En un pueblo de tantos, vivían dos hermanos que se llevaban apenas 1 año. Ya eran mayores de edad y cualquiera que los viera diría que eran gemelos.

Un día los hermanos tuvieron una idea, una visión. Querían llegar hasta las montañas que se divisaban a lo lejos, en el horizonte. Prepararon un poco de ropa, algunos víveres, y emprendieron el camino. A los pocos días, las diferencias en su forma de sortear los obstáculos les llevo a tomar la decisión de separarse.

Acordaron, que para comprobar quien había escogido el mejor camino, harían un mapa que luego compararían, una vez que se reunieran en la base de la montaña. Así fue como se despidieron y al amanecer comenzaron su viaje en solitario.

Pedrín, miró hacia adelante, y decidió que tomaría el camino más recto que encontrara. A los dos días de viaje, encontró que delante había un río. No era tan ancho pero bajaba veloz y torrentoso. Seguramente sería profundo, por lo que decidió que cruzarlo a nado no era buena opción. Ya oscurecía, así que buscó un sitio, acampó allí y durante el atardecer estuvo pensando como atravesarlo.

Pepe, en su caminar, también llego hasta el río. Al ver que no podía pasarlo caminando, y como no le apetecía mojarse, decidió rodearlo, pensando que en algún lado las aguas bajarían más tranquilas o encontraría un puente. Al fin y al cabo no sería el único en el mundo que necesitara cruzar.

A la mañana siguiente, Pedrín aún no sabía que hacer, y mientras pensaba, se puso a tejer unos juncos que había en la orilla del río. Luego de dos horas, tenía una soga tan larga que se le ocurrió hacer un lazo. Con el, luego de varios intentos consiguió llegar a una rama fuerte, y de varios tirones comprobó que había quedado bien sujeto. Ató el otro extremo a una gran roca, y sujetándose firmemente consiguió pasar a la otra orilla. Para no caminar mojado y enfermar, puso las ropas a secar, y mientras tanto volvió a hacer otra cuerda con juncos. Casi era un experto luego de varias horas.

Pepe, caminó dos días hasta que encontró una zona abierta, donde el río, bajaba sereno y era menos profundo, por lo que pudo cruzarlo sin apenas mojarse.

El siguiente obstáculo al que tuvo que enfrentarse Pedrín, fue un gran foso que se abría delante suyo, y con una profundidad de una decena de metros. Si caía por ahí, de seguro que nunca le encontraría nadie. Miró hacia ambos lados y como la falla parecía tener kilómetros de extensión, decidió que bordearla le alejaría demasiado de su camino recto. Así fue que acampó y se dedicó a pensar cómo superar este nuevo obstáculo. Había junto al precipicio una joven arboleda. Luego de dormir se despertó con la idea de trepar al árbol más largo y flexible para que su peso al doblarse le dejara del otro lado. Eligió bien el árbol, trepando a varios para comprobar si podrían soportar su peso y ser lo bastante largo para su propósito, hasta que dio con el adecuado y consiguió sortear el foso.

Pepe también llegó hasta el foso. Y al igual que hizo con el río, lo bordeó pensando otra vez en encontrar un puente, o el final de la falla. Caminó tres días hasta que por fin dio con una antigua pasarela y lo cruzó.

Después de varios días, Pedrín encontró una zona pantanosa, donde se veían bastantes alimañas. Había algunos árboles entre el fango y como llevaba a la espalda la cuerda que el mismo había tejido, decidió subirse a los árboles. Ayudado de su experiencia y nuevas habilidades pudo sortear esta dificultad sin contratiempos.

Pepe, también llegó varios días después al mismo pantanal. No sabía trepar a los árboles y no le parecía seguro caminar entre el fango, así que otra vez bordeó el obstáculo hasta que pudo pasar.

Dos días después, Pedrín había alcanzado por fin la base de la montaña, pero como no había rastros de su hermano, invirtió el tiempo en hacer su mapa, poniendo los detalles de los obstáculos.

Al día siguiente, Pepe aún no se veía ni tan siquiera a lo lejos. Así que se dedicó a hacer más cuerdas por si a su hermano le apetecía escalar la montaña

.

Un día más tarde, tampoco había noticias de Pepe, así que con lo que Pedrín había aprendido sobre la flexibilidad y firmeza de los árboles, decidió hacer una cabaña para guarecerse mientras su hermano llegaba.

Pasada una semana, tenía cobijo, había cazado un jabalí, preparado fuego y comía distraído cuando escuchó llegar a su hermano.

Se abrazaron con alegría y atolondradamente cada uno comenzó a contar sus experiencias. Pepe enseguida dejo de hablar, porque el camino de su hermano Pedrín, resultaba más interesante que el suyo, porque sólo se había dedicado a esquivar los obstáculos, sin aprender nada en su viaje.

Obviamente no hizo falta que compararan sus mapas. Esta claro que enfrentarse a los obstáculos y aprender a superarlos es el mejor camino para alcanzar nuestras metas.

-.-.-.-.-.-.-.-

Nuestra vida, no es más ni menos que un camino que recorrer. Puedes elegir aprender a superar tus obstáculos y adquirir conocimientos. O puedes elegir ir por la vida, esperando que aparezcan puentes.

www.ingramcontent.com/pod-product-compliance
Ingram Content Group UK Ltd.
Pitfield, Milton Keynes, MK11 3LW, UK
UKHW020238250726
13967UKWH00001B/435

9 781291 122206